Jul aut sich!

Eine M   eschichte von Anna Wagenhoff
ern von Sigrid Leberer

CARLSEN

Mama hat Jule zum Schwimmkurs angemeldet. „Nächste Woche geht's los", sagt sie. Jule strahlt. Super! Dann muss sie nicht mehr mit den Kleinen im Planschbecken baden, sondern darf endlich ins große Becken. Wie ihr Bruder Ben. Der kann schon schwimmen und sogar Kopfsprung machen.
„Im Schwimmkurs muss man aber vom allerhöchsten Sprungbrett springen", ruft Ben. „Das traust du dich nie!"
„Das stimmt doch gar nicht, Ben", schimpft Mama. „Mach ihr keine Angst!"
„Genau!", sagt Jule. Aber wenn sie an den hohen Sprungturm im Schwimmbad denkt, wird ihr doch mulmig. „Kommt Lotta auch mit?", möchte sie fragen. Aber da fällt Jule ein, dass ihre Freundin ja schon schwimmen kann.

Oje. Bestimmt sind im Schwimmkurs nur fremde Kinder. Jule schluckt. Eigentlich ist es im Planschbecken doch gar nicht so übel, denkt sie.

SEPTEMBER

Am nächsten Tag geht Mama mit Jule einkaufen. Sie soll Badelatschen und einen neuen Badeanzug bekommen. „Wie gefällt dir der rote?“, fragt Mama. „Oder der bunt gestreifte?“ Jule zuckt mit den Schultern: „Ist mir egal.“
„Na so was“, wundert sich Mama. „Du hast dich doch so auf den Schwimmkurs gefreut.“
„Jetzt aber nicht mehr“, sagt Jule. „Eigentlich möchte ich überhaupt nicht schwimmen lernen. Und ich kenne die anderen Kinder doch gar nicht.“
Mama streicht Jule über den Kopf.

„Die anderen Kinder sind bestimmt auch aufgeregt. Und wenn du sie erst mal kennenlernst, vergeht die Angst sicher wie von selbst."
Jule nickt zögernd. Da entdeckt sie einen Badeanzug mit einem lustigen Drachen vorne drauf: „Guck mal, der sieht ja aus wie mein Kuscheldrache!"
„Stimmt", sagt Mama. „Der Badeanzug macht bestimmt drachenstark. Den kaufen wir!"

Heute ist es so weit: Mama bringt Jule zum Schwimmbad. In der Halle stehen schon einige Kinder und Eltern. Eine junge Frau kommt auf die Gruppe zu. „Hallo, ich bin Nina“, sagt sie. „Ich bin eure Schwimmlehrerin.“

Die sieht eigentlich ganz nett aus, findet Jule. Und dann entdeckt sie einen Jungen, den sie aus dem Kindergarten kennt. „Hallo Jan“, ruft sie ihm zu und er winkt fröhlich zurück.

HEUTE
15
„SEEPFERDCHEN"

„Los geht's“, sagt Nina. „Eure Eltern können euch in einer Stunde wieder abholen.“
Mama sagt, dass sie in der Halle auf Jule warten wird. „Du kannst Nina jederzeit sagen, wenn du eine Pause machen möchtest. Und dein Drache passt gut auf dich auf.“
Jule kann nur noch schnell nicken, da zieht Jan sie schon am Ärmel hinter sich her.
Nina hilft den Kindern beim Umziehen. Sie findet Jules Badeanzug auch drachenstark. „So, kurz duschen und dann ab ins Wasser“, ruft die Schwimmlehrerin.

Jules Herz macht einen kleinen Hüpfer. Jetzt freut sie sich doch ein bisschen.

Im Schwimmbecken stellen sich alle Kinder im Kreis auf. Sie hüpfen, machen Hampelmann und drehen sich auf der Stelle. Sie tauchen das Gesicht halb ein und atmen spritzend unter Wasser aus. Jule prustet:
„Ich bin ein Wasser spuckender Drache!"
Jan schnaubt zurück: „Und ich bin ein riesiger Wal!"
Schon ist die erste Schwimmstunde zu Ende.
„Das war super!", sagt Jule zu Mama, als sie nach Hause gehen.

In den nächsten Stunden üben die Kinder mit Schwimmbrettern und Schwimmnudeln.

Sie gleiten durchs Wasser, paddeln mit den Füßen und machen lustige Froschbewegungen.

Heute lernen sie Tauchen.
Zum Schluss kann Jule
schon einen Ring vom
Boden fischen.

„Nächstes Mal üben wir Springen“,
sagt Nina beim Abschied.
„Juhu!“, schreit Jan.
Jule schaut besorgt zum Sprungturm.
Puh, ist der hoch! Ihr Herz klopft wie wild.
Aber diesmal nicht vor Freude.

Auf dem Heimweg ist Jule
ganz still. „Bist du müde,
mein kleiner Wasserdrache?“,
lacht Mama.
„Hmm“, macht Jule nur und
trottet langsam hinterher.

Am Abend kann Jule nicht einschlafen. Sie muss immer an den Sprungturm denken. Ihr Herz klopft wieder wie wild. Auf einmal bekommt sie ein flaues Gefühl im Bauch.

„Mamaa“, ruft Jule.

Da kommt Mama schon ins Zimmer und fragt:
„Hast du schlecht geträumt?“
„Nein, ich habe Bauchweh“, jammert Jule. „Ich glaube, ich kann morgen nicht zum Schwimmkurs gehen.“

„Mein armer Wasserdrache“, sagt Mama. „Ich mache dir erst mal eine Wärmflasche und morgen sehen wir weiter.“
Jule nickt. Ihr Herzklopfen beruhigt sich und schließlich schläft sie doch ein.

Am nächsten Morgen hat Jule den Schwimmkurs ganz vergessen. Als sie beim Frühstück herzhaft in ihr Honigbrot beißt, sagt Mama: „Prima, du hast wieder Appetit. Dann kannst du doch zum Schwimmkurs gehen."
„Äääh, eigentlich habe ich aber noch Bauchweh", druckst Jule herum.
Mama schaut sie ernst an: „Ist das vielleicht ein besonderes Schwimm-Bauchweh?"
„Eher Spring-Bauchweh", sagt Jule leise. Und dann erzählt sie Mama, dass sie heute ins Schwimmbecken springen sollen. „Sicher von ganz oben!", seufzt sie.

Mama beruhigt Jule: „Bestimmt springt ihr erst mal vom Beckenrand. Und wenn du das auch nicht möchtest, ist das in Ordnung. Dann sagen wir Nina das."
„Aber ich will kein Angsthase sein", sagt Jule. „Dann lachen die anderen Kinder mich aus."
„Jeder hat mal Angst", antwortet Mama. „Und das ist gar nicht schlimm. Es kann uns sogar davor schützen, etwas Gefährliches zu tun. Aber manchmal muss man seine Angst auch überwinden, damit man etwas Schönes nicht verpasst. Vielleicht macht es doch Spaß, ins Wasser zu hüpfen. Es muss ja nicht von ganz oben sein. Was meinst du?"
Jule überlegt einen Moment. „Vom Beckenrand könnte ich mich vielleicht trauen. Aber nur, wenn Nina dabei ist."

Im Schwimmbad wird es Jule doch wieder etwas mulmig. Jan will gleich zum Sprungturm rennen, aber Nina ruft: „Stopp! Kommt erst mal alle zum Beckenrand und setzt euch.“

Jule atmet erleichtert auf. Zuerst sollen die Kinder aus dem Sitzen ins Wasser hüpfen, dann aus der Hocke und schließlich aus dem Stehen. Das macht so viel Spaß, dass Jule ihre Angst schnell vergisst.

„Wer möchte mal vom 1-Meter-Brett springen?“, fragt Nina nach einer Weile.
Jan ruft sofort: „Iiiiiich!“
Jules Herz fängt an zu pochen. Sie schaut verlegen zum Boden. Aber dann sagt sie laut: „Ich möchte nicht. Das ist mir noch zu hoch.“
Ein anderer Junge sagt: „Ich will auch nicht.“ Und kein Kind lacht sie aus.
Alle Kinder dürfen noch ein bisschen springen.
Vom Beckenrand, vom Startblock und vom 1-Meter-Brett.
Zum Schluss traut sich Jule sogar, aus dem Stehen ins tiefe Wasser zu springen.

SCHWIMMBAD

„Das war mutig zu sagen, dass du nicht vom Sprungbrett springen möchtest", sagt Mama auf dem Heimweg. „Es gehört nämlich auch Mut dazu, anderen zu sagen, wenn man vor etwas Angst hat."
Jule überlegt kurz. „Stimmt!", sagt sie.
„Und weißt du, was ich auch toll fand?", fragt Mama. „Dass du deine Angst überwunden hast und über deinen Schatten gesprungen bist. Oder besser gesagt, über den Beckenrand."
Jule muss kichern. „Ben wird staunen, was ich mich alles traue!", sagt sie und ist sehr stolz darauf, was sie heute geschafft hat.

Liebe Eltern,

Angst zu haben, ist ganz normal. Angst kann uns davor bewahren, etwas Gefährliches zu tun. Manchmal muss man seine Angst aber auch überwinden und sich etwas trauen.

Wichtig ist, dass Kinder ihre Ängste (er)kennen und wissen, was sie dagegen tun können. Kinder im Alter von Jule müssen erst lernen, ihre Gefühle wahrzunehmen, auszudrücken und Wege zu finden, um Ängste loszuwerden.

Nehmen Sie die Gefühlsäußerungen Ihres Kindes wahr und ernst. So können Sie Ihrem Kind helfen, seine Gefühle zu entdecken und zu begreifen – und es damit stark fürs Leben machen.

Stärke definiert sich nicht über körperliche Kraft, sondern ergibt sich aus Vernunft, Klugheit und Selbstvertrauen.

Starke Kinder kennen ihre Fähigkeiten und akzeptieren ihre Schwächen.

Starke Kinder nehmen Herausforderungen an, erkennen aber auch, wo ihre Grenzen liegen.

Starke Kinder werden behütet, aber nicht überbehütet.

Die Geschichte von Jule erzählt von einer Herausforderung und wie sie diese meistert. Sie zeigt, dass Angst verschwinden kann, wenn man über den eigenen Schatten springt. Jule merkt, dass sie viel mehr kann, als sie sich zugetraut hat.

Bilderbücher sind eine gute Möglichkeit, um mit Kindern ins Gespräch zu kommen. Vielleicht erkennt Ihr Kind sich in der Geschichte von Jule wieder und wird dazu angeregt, von ähnlichen Erlebnissen und Gefühlen zu erzählen …

Viel Spaß beim gemeinsamen Lesen und miteinander Sprechen!